*"Solo cuando un hombre hace lo que le gusta puede ser verdaderamente feliz."*

-Gabriel Garcia Marquez

Copyright © 2016 Arnulfo Valdez Jr.

All rights reserved.

ISBN-13:978-1539156185
ISBN-10:1539156184

## DEDICATORIA

A Dios por enseñarme que él tiene todo en sus manos y que nunca llega tarde.

A mi esposa Erika por apoyarme incondicionalmente al igual que mis padres, hijos, y hermanos, a quienes amo con todo mi corazón.

A Roberto Lozano, un gran amigo que conocí estando en el pozo y desde entonces no ha dejado de extenderme su mano.

A El Machete Andrés Gutiérrez por su positivismo que es un imán que no te deja caer, pues constantemente te levanta y te empuja hacia adelante (no lo conozco en persona, solo por la radio).

A un mensaje que venía en un periódico y decía "No te rindas."

# CONTENTS

Prólogo 7

Introducción 10

El Por Que De Este Libro 13

Otras Lecturas 56

# Prólogo

¿Alguna vez han visto las plantas que producen dinero? ¿No? Yo tampoco, porque no existen. Qué bueno sería que fuera tan fácil como ir a quitarle las hojas a una planta, y ya. Sin embargo, existe algo que sí genera dinero y se llama: plan para ganar dinero. Es increíble que la gente nunca piense en cómo ganar dinero; simplemente hacen lo que vieron en la casa o aplican a un empleo porque alguien les dijo que estaban contratando allá.

Ganar dinero sin trabajar para alguien no es tan complicado, simplemente encuentra una necesidad y llénala. Si tú ves que donde tú vives todas las mujeres lavan a mano, compra unas lavadoras y cóbrales cuando vengan a lavar la ropa a tu negocio. Si a todos los hombres les gusta andar bien planchados, diles que tú planchas camisas por $2 dólares. Si planchas 100 camisas diarias, generas $200 dólares diarios. Ahora bien, si logras abrir unos locales en diferentes lugares de la ciudad, donde se planchen 1,000 camisas diarias, entonces, generarías $2,000 dólares diarios. El punto es encontrar esa necesidad y llenarla.

Por eso es que me siento muy orgulloso de presentarles a mi cuate, Fito. Muchas veces, la gente se paraliza porque no sabe qué hacer; y eso les pasa a todos, aunque sean gente de iniciativa.

Fito, básicamente te va a sacudir la materia

gris que tienes en la cabeza, en el cerebro, para darte la idea. Te aseguro que una de estas 100 ideas será algo que tú puedes aplicar para arrancar tu negocito. Al principio se llaman autoempleos porque no dependes de un trabajo para ganar dinero sino tú mismo creas tus propios ingresos. Como en el ejemplo anterior, ese autoempleo puede convertirse en una verdadera empresa cuando tú ya no haces el trabajo sino que administras el negocio y tienes empleados. No sé tú, pero esa posibilidad me emociona. En otras palabras, estas ideas te darán una meta que tienes y puedes alcanzar. Aunque se tome tiempo, sabemos que si uno da pasos en dirección a la meta, con el tiempo, llegas. Te doy el ejemplo de un maratonista. Me impresiona cómo un ser humano puede correr 46 Km o 26.2 millas en un solo día y sin parar. Esa es la distancia de un maratón. Si le preguntas a alguien que corrió su maratón por primera vez, cómo lo logró, por lo general te va a decir algo así: "ejecuté un plan para prepararme y cuando llegó el día, sabía que si solo ponía un pie delante del otro y no me rajaba, llegaría a la meta. O te dirán: "Empecé corriendo tramos pequeños y cuando ya los dominaba, corría tramos más grandes". Ahora, es tu turno de hacer un plan y empezar a dar pasos hacia la meta.

Otra cosa que me emociona muchísimo es que tengas este libro en tus manos. Uno de los hábitos más poderosos para alcanzar el éxito es leer. Toda la sabiduría está en los libros.

Apaga la televisión y deja las revistas de chismes y cárgate de sabiduría. La gente escribe en libros sus secretos sobre cómo triunfar en la vida. Si hay algo que no te gusta en tu vida, te aseguro que hay un libro que te dará una guía, paso a paso, para mejorar eso.

No sé dónde te encuentras hojeando este libro, pero donde estés, empieza a escribir tu plan de negocios. Suena algo complicado, pero no lo es. Un plan de negocios es tener todo pensado y por escrito. A propósito, si no está por escrito, como dicen los abogados, "no existe". Un plan de negocios es tener bien claro qué ofreces. Piensa más allá del servicio. Por ejemplo: si tu negocio es recoger la popó que dejan los perros en el patio. (Aunque no lo creas, hay personas ganando buen dinero haciendo eso). No te limites a la popó, ve más allá. Imagínate lo que siente la gente, tus futuros clientes, cuando ven su patio sucio y apestoso. No disfrutan de su patio, ni abren las ventanas, porque el perro lo ha convertido en su baño privado. Y si lo piensas en términos de área, ¡el "baño" del o los perros ocupa la mitad de la propiedad! Piensa en qué sentiría tu cliente al tener su patio limpio y no tener el peligro de pararse en un "pastel" de esos. Recuperaría esa área exterior para leer su periódico y tomarse un café. Ahora, imagínate si fueras el dueño de esa casa, ¿contratarías a alguien para que limpie esa área? ¡Por supuesto!

Ahora tienes el servicio y la razón por la que deben contratar tus servicios. El plan de negocios también define quién es tu cliente. No es todo mundo, es cierto tipo de gente con cierto nivel de ingresos, que vive en ciertas áreas de la ciudad. En palabras técnicas, a eso le llaman: definir cuál es tú mercado meta; es decir, identificar quién es la gente que puede comprar tus servicios.

Antes de empezar, calcula cuanto puedes ganar para saber si es buen negocio. También es muy importante saber cuánto necesitas para vivir. Si ya sabes que necesitas $2,000 dólares al mes para vivir, entonces, puedes calcular cuánto popó tienes que recoger. Por último, prepara tu plan de promoción y mercadeo. Eso es cómo vas a correr la voz sobre tu negocio. Cómo, esos clientes que definiste, van a saber que existes y que les puedes resolver su problema.

Ya que arranques y empieces a generar ingresos, busca consejo profesional para crecer tu negocio. Dicen que la experiencia es la madre de la sabiduría, pero esa es la peor manera para aprender porque, en ese "sistema" la vida primero golpea y después enseña, ¿a poco no? Evita todos esos errores buscando el consejo de un contador o asesor de negocios. Hoy en día hay muchos recursos de organizaciones que apoyan a los negocios pequeños. También busca quién ya está teniendo éxito en ese negocio y aprende de ellos. No tengas miedo a acercarte e invitarles a tomar un cafecito. Pregúntales: "cómo le hiciste". La gente exitosa tiende a ser muy generosa, y más cuándo se trata de compartir su experiencia y conocimientos. Esto último es bien importante, deja de tomar consejo de los odiosos. Si alguien quiere pisotear tu plan, no lo escuches. Muchas veces son amigos cercanos y hasta la familia quienes quieren "aconsejarte por tu bien" a que no hagas eso. ¿Por qué lo hacen? Porque ellos mismos no están dispuestos a esforzarse y dar todo lo que se necesita para salir adelante decentemente. No tienes que discutir con ellos, simplemente no permitas que su veneno frene tus planes. Mi papá siempre me dijo: "todo trabajo honrado, dignifica". EEUU es el país de la oportunidad y se habla mucho del gran sueño americano. El gran sueño americano es tener tu propio negocio y no tener un techo que limite tus ingresos. Está comprobado que el éxito en este país no depende del nivel de estudios o el color de tus ojos.

El que encuentra una necesidad, la llena y trata a sus clientes cómo le gustaría que lo trataran a él, vive ese sueño americano. Ahora es tu turno vivir ese sueño, lo tienes al alcance de tu mano.

No tienes idea lo animado que estoy por ti y por lo que puede suceder con tu vida si llevas a cabo una de la ideas que Fito comparte aquí en el libro. Usa este libro como una máquina de dinero.

Ten una pluma lista y ve marcando las ideas que más te llamen la atención. Te aseguro que lo más difícil será decidirte por una de ellas. Pero cuando lo logres, será como "la gallina de los huevos de oro" para ti y para tu familia.

A Fito le encantaría saber de ti desde el principio que generas tu idea y todos los detalles después del inicio. Él quiere celebrar contigo cuando demuestres que sí se puede. ¡En hora buena!

Andrés Gutiérrez

El machete pa' tu billete

## Introducción

Imagínate que hubiera una ley que solo permitiera a las personas dedicarse a el oficio de sus padres o familia, el hijo de doctor pues doctor o mínimo enfermero, o algo relacionado con el ramo. Imagínate que con el tiempo, cambiaron esa ley y ya se permitía dedicarse a algún oficio no solo como el de su familia, sino ya podías copiar a tus vecinos, amigos, y hasta dedicarte a lo que está de moda, o está muy pagado por el momento. Eso parece como haber dado un gran paso y hasta suena como una liberación genuina para decidir a qué te vas a dedicar en la vida. "Mentira." Es cierto que no existe esa ley, ni esa modificación, pero si te fijas a tu alrededor pareciera que si existiera y que la gran mayoría de la gente la respeta y la cumple y no se atreve a ser diferente.

¿Te has preguntado cuál es la diferencia entre las personas que no cumplen esa ley y triunfan y tú? ¿Te has puesto a pensar que tú tienes la misma capacidad que cualquier otro para inventar algo o modificarlo? ¿Te has puesto a pensar si en realidad estás haciendo lo que te gusta? ¿Te has puesto a pensar que no hay ninguna ley que diga que las cosas se tienen que hacer de una sola manera, o los problemas tengan solo una solución? ¿Si es así, entonces por que perdimos la capacidad de innovar, imaginar y soñar? La verdad es que no existe ninguna razón por la cual seguimos así, y aunque pudiéramos dar varias excusas y hasta buscar culpables, de nada serviría. La buena noticia es que esa capacidad innovadora sigue ahí, esperando que la desempolvemos y lo pongamos a trabajar.

Nos vamos a quedar sorprendidos, pues esta capacidad innovadora trabaja 24/7 y no tiene días festivos, solo tiene un requisito, "¡No la limites!," con tus miedos, temor al fracaso, tu supuesta experiencia, o tu lógica, que entre otras cosas han sido las que te han tenido atado y no te dejan alcanzar tu máximo potencial. Probablemente las ideas de este pequeño libro no se acomoden a tu vida, pero si nadie de los que leyeran este libro llevaran a cabo ninguna de sus ideas, mas sin embargo crearan sus propias ideas para salir del pozo mental, para mi seria éxito total, y me daría una gran satisfacción.

-Arnulfo Valdez

*"Cualquiera puede hacer algo imposible si no sabe que es imposible."*

*Arnulfo Valdez*

## 100 Maneras De Solir Del Pozo

Arnulfo Valdez Jr.

# El Por Qué de Este Libro

Me encuentro en un centro de detención en los Estados Unidos y llevo 25 meses aquí.

En este tiempo he aprendido muchas cosas y entre ellas me he dado cuenta de por qué muchas personas están aquí, y muchos salen pero al poco tiempo regresan, y muchas veces para pasar temporadas más largas. He hablado con muchos de ellos y me he dado cuenta de esto: unos trabajan haciendo lo que no les gusta.

A muchos la tecnología los rebasó y quedaron desempleados por falta de actualización y frustrados. Otros han vivido en ambientes de delincuencia y no alcanzan a ver otras alternativas para empezar una vida mejor.

Otros van en busca del sueño americano y no ven que ese sueño puede hacerse realidad en su lugar de origen. Entre otros ejemplos.

Detrás de todos estos existe una cultura machista y es como un gigante invisible que te empuja y te anima a hacer cosas que sabes que son indebidas. Muchas veces por falta de ideas, por querer reponer el tiempo, o por falta de humildad para aceptar que no podemos y necesitamos ayuda, estamos aquí.

Pero tuve la oportunidad de hablar con algunos, y de alguna manera ellos sembraron en su ser una semilla con una idea, viéndose haciendo lo que les gusta y así poder salir adelante sin tener en el futuro que regresar aquí, y de eso trata este libro (me mandaron para la celda de castigo por dar clases sin tener un certificado).

# 100 Maneras de Salir del Pozo

Este libro o manual está escrito para aquellas personas que tienen que empezar desde abajo, por estar desempleados, record criminal, la discriminación, tener alguna discapacidad, ser adulto mayor, perder a quien sostenía el hogar, y muchas otras situaciones de la vida. También les puede servir a las personas que están buscando tener ingresos extra para pagar sus deudas o mejorar su estilo de vida haciendo lo que les guste.

Quizás no todas las ideas se pueden llevar acabo de la manera descrita, pues las leyes cambian dependiendo de la cuidad o país. El objetivo es, que veas todas las necesidades que tú puedes suplir, dando un servicio personalizado, y la mayoría de las veces, en el domicilio del cliente, cosa que las grandes empresas no pueden hacer.

No te limites a lo que leas y ajústalo según tu situación o inventa lo que se te ocurra. Recuerda que cada problema tiene su solución y siempre va a llevar la delantera el que se le ocurra la manera más rápida, práctica o económica de solucionarlo, y con eso puedes obtener buenos resultados.

Aunque este libro ha sido escrito en una celda de segregación que mide aproximadamente dos metros por tres metros, conocida como el pozo, no tiene nada que ver con ninguna fuga al estilo chapo. Este libro más bien trata del pozo mental en el cual vivimos muchas veces, y no salimos por qué no volteamos hacia arriba o no nos creemos capaces de iniciar cosas diferentes. Para obtener resultados diferentes hay que hacer cosas diferentes.

"Locura es hacer lo mismo y esperar resultados diferentes." Einstein

"Si uno avanza confiadamente en la dirección de sus sueños y deseos para llevar la vida que ha imaginado, se encontrara con un éxito inesperado." Henry David Thoreau

## 1.) Lustrar Calzado

Parece un trabajo cualquiera pero tiene su chiste y lo mejor que puedes hacer es buscar a los que se dedican a eso y si hay varios de ellos el que tenga gente en espera es el mejor. Pregúntale o fíjate como lo hace y que materiales usa para diferentes tipos de calzado (garras, ceras, alcohol, colores, marcas, cepillos, etc.).

Te puedes dedicarte a hacer lo mismo y hasta cobrar un poco más, si recoges y entregas el calzado a domicilio. Todos los posibles clientes son los que usen calzado, pero si te topas con uno descalzo no lo dejes ir, dile que le puedes dejar las uñas como espejo.

*"Coraje es simplemente la capacidad para tener miedo y actuar de todas formas." Dr. Robert Anthony*

## 2.) Renta De Vestidos De Novia/Quinceañera

Solo los usan un día y cuestan miles de dólares.

Aunque algunos vivan de él chongo, ni por la cabeza les pasa, deshacerse de su vestido de novia. A algunas de ellas (más de tres) vas a tener que hacerles ver la realidad, y decirles que es más fácil que el peso valga más que el dólar, a que ellas vuelvan a entrar en ese vestido. Pacten un precio, y si no te lo quieren soltar, tómale fotos y medidas, para que vayas haciendo tu catalogo. No olvides arreglar quien va a pagar la tintorería para que quede listo siempre. Anúnciate en diferentes redes sociales.

*"Sabemos que somos, pero no lo que podemos llegar a ser." Shakespeare*

## 3.) Renta De Baños Portátiles

Es difícil amar sin ser amados, pero es más difícil "no ir al baño" después de haber tragado.

¿Posibles clientes? Todos los que ingieran alimentos o bebidas. ¿Donde los vas a encontrar?

¡Imagínate esta película! Va una familia viajando felizmente por que van de vacaciones y resulta que al llegar a una gran ciudad, es la hora del tráfico y se está moviendo a vuelta de rueda. A los pocos minutos la amada esposa le dice a su pareja que va manejando ( con una suave voz y una tierna mirada) "Amor, tengo ganas de ir al baño", y él le responde amable y amorosamente, " no te preocupes cariño, en cualquier momento esto va a avanzar rápido, (pero las cosas empeoran y se detiene casi por completo) ella vuelve a tomar la palabra, ya no como suplica y le dice, en la primera gasolinera, restaurante, o casa abandonada, te paras, el también contesta muy secamente OK. (y todos los demás calladitos) pues les apagaron el radio, pero delante de ellos ven una pick up parada debajo de un puente, con una luz amarilla y arriba un "baño portátil" y un letrero que dice, "baño limpio en renta," la mujer no acaba de leer el letrero y en ese instante deja de ser esa amable humilde persona que pedía las cosas al estilo de la Madre Teresa, y voltea con la cara casi como la del exorcista, y le dice con la autoridad que lo diría Hitler, "PARATE AHORA MISMO!" y al instante y sin ningún murmullo, y agachando la mirada él se sale de el camino y se estaciona detrás del pick up que trae el baño.

Ella camina con paso corto pero rápido y sin preguntar precios se sube y se mete por cinco o más minutos. Los miembros de la familia dan un profundo respiro, y hasta le vuelven a subir al volumen del radio que ella había apagado. De repente se abre la puerta, y aparece ella con un resplandor en su cara, un brillo en sus ojos, y una sonrisa que refleja una paz interna, dando gracias a la vida, y a la persona de el baño portátil, pues gracias a él pudo deshacerse de esos espíritus que en muy corto tiempo estaban causando tanto daño a su amada familia. The End.

Quizás donde vivas no se permita estacionarse al lado del camino (pues no te estaciones pero no le des arrancones por favor). Te puedes ir a un área de descanso de las que están en la carretera y no tienen baño. Pero si vives fuera de la cuidad es más fácil que te permitan estacionarte al lado de la carretera y (pon un letrero antes de que lleguen contigo).

*"El cielo nunca le ayuda a las personas que no actúan." Sófocles*

## 4.) Manicure Y Pedicure

Posibles clientes: los que tengan manos, o pies, o de los dos.

Si ya tienes experiencia pues lo que necesita es dar ese servicio a domicilio. Si no tienes experiencia hay algunos lugares donde dan cursos o pide trabajo en algún salón de belleza, o diles que vas a trabajar gratis por algunos días, o busca en Youtube videos de el tema.

Procura comprar equipo de buena calidad y siempre desinfecta las herramientas antes de usarlas con otro cliente, aunque sean familia.

Compra uno o dos recipientes de los que dan masaje en los pies con agua, para que tengas a los clientes. Sentaditos relajados "tipo spa" esperando pacientemente su turno, mientras tú terminas con otro. "No olvides dejar tu tarjeta para que te llamen o te recomiende." (Si a alguien le falta un pie o mano puedes hacer descuento).

*"Hablar de el futuro sólo es útil si nos hace actuar ahora."*
*E.F. Schumacher*

## 5.) Renta De Caballos

Puede ser burro o mula si es lo único que tienes. Si cuentas con una carreta, pues adáptala para pasear gente los fines de semana en los parques. Si sabes montar pero no tienes caballos, ponte de acuerdo con alguien que tenga y repartan ganancias.

Si no tienes dinero para comprarlo al contado dile que se lo vas pagando con lo que ganes de los rentas cada semana y que él lo tenga entre semana. Tienen que ser animales muy mansos y si ya están viejos mejor. (No muy viejos, que todavía vean y tengan dientes por lo menos).

*"Es verdaderamente libre aquel que desea solamente lo que es capaz de realizar y que hace lo que le agrada."*
*Jean Jaques Rousseau*

## 6.) Cambios De Aceite

Todavía no se inventan los autos que no usen aceite y es poca herramienta la que se ocupa para eso.

Si no tienes experiencia pero quisieras aprender, trabaja gratis para algún mecánico particular por unos cuantos días y el te va a decir los detalles que debes de saber, y hasta puedes aprender a cambiar bujías, filtros de aire, checar y rellenar el aceite de el diferencial, etc. Debes de ir listo para trabajar en los domicilios de los clientes y explicarles cada cuando se requiere de un cambio de aceite y todos los beneficios. (Mucha gente no sabe o no le da la debida importancia)

Procura llevar lo necesario para limpiar el área arena, garras, etc. y un tanque grande o galones de plástico, o los mismos del aceite, para que te lleves el aceite que ya no sirve. Hay lugares que te reciben o te compran ese aceite usado para que no contamines (Pregunta). No olvides programar su próximo cambio de aceite.

*"Mas hace el que quiere y no puede, que el que puede y no quiere." Anónimo*

## 7.) Clases De Natación

Si no sabes nadar ni se te ocurra, o primero aprende.

Busca en internet o ve a observar a los que ya lo están haciendo. Desarrolla tu técnica. Algunos se anuncian en el periódico o en el internet. Si no tienes alberca ponte de acuerdo con alguien que tenga y no la esté usando. Si no consigues, cita a tu grupo, en una alberca pública temprano cuando casi no hay gente. Si vives donde exista un rio, lago o mar, también se puede, pero en todos los casos usa salvavidas para evitar accidentes.

*"Piensa muchas cosas, pero haz por lo menos una."* Proverbio Portugués

## 8.) Venta A Consignación De Artículos Usados

No necesitas ni llevarte nada, crea un catalogo, solo tomarle una foto o anotar todos los detalles para poderlo describir lo mejor posible.

Después de que el dueño te dé un precio, tú dile a cuanto lo vas a ofrecer y hasta cuanto se debe de bajar en caso de que le traiga un cliente bueno para regatear. "Eso puede ser autos, motocicletas, bicicletas, electrodomésticos, muebles, etc."

La gente tiene muchas cosas que ya no usa pero que no quiere tirar así que tú vas a ser su salvación. Dales ideas y déjales tu teléfono y dirección para que te hablen cuando se acuerden de otras cosas que quieran vender o te quieran recomendar con sus familiares o amigos. (Busca en internet el precio de los artículos que consideres caros para que le hagas saber al cliente si está pidiendo mucho) Los puedes vender en E-bay.

*"Nunca me ha preocupado la acción, sólo la inacción." Winston Churchill*

## 9.) Venta De Mascotas

Donde exista macho y hembra de la misma especie es muy probable que se multipliquen. Muchas personas tienen mascotas pero no están preparados para cuando estos se reproducen y es donde ocupan un revendedor, "TU."

Solo necesitas tomar la foto de los padres, y crías si ya nacieron, también si tienen papeles como Pedegree etc. y dar una descripción de los cuidados, comida, si habla, da maromas, etc. y anunciarlos por las redes aunque no los tengas físicamente.

*"Tenemos una elección: arar un nuevo camino o dejar crecer las malezas." Jonathan Westover*

## 10.) Fabricar Casas Para Mascotas

Es increíble lo que cuesta una casita para gatos que es en forma de escalera de caracol y a diferentes alturas tiene un mini cuarto con ventana o un área de descanso. Todos esos estilos y muchos más los puedes ver en las tiendas grandes de mascotas o internet. Si no cuentas con dinero para comprar material, no quieras empezar a diseñar y construir casas para grandes mascotas perros aves, etc. Comienza con casas para colibríes o chihuahuas y si sabes de algún área en tu ciudad donde estén construyendo algún edificio o casa, seguramente a ellos les sobra el material que tú necesitas. También les puedes ofrecer tu servicio de limpieza a cambio de material (clavos, madera, martillo, etc.) y si les enseñas un dibujo o foto de lo que quieres hacer ellos te pueden ayudar y hasta enseñarte a usar las herramientas si no sabes.

*"En la adversidad conviene muchas veces tomar un camino atrevido."* *Séneca Anneo*

## 11.) Reparaciones De Bicicletas

Por alguna razón en muchas casas hay bicicletas arrinconadas que necesitan una pequeña reparación, están ponchadas, subir o bajar el asiento, alinear los cuernos, etc. Ya casi no hay talleres que se dediquen a eso, y esa es una buena oportunidad para que vayas dejando tu información, y arreglando las que puedas.

*"Sólo el gusano está libre de la preocupación de no tropezar."*     *Og*     *Mandino*

## 12.) Lavar Ropa

Para eso no necesitas ni lavadora propia, pero si cuentas con una es mejor. Cuando la clientela crezca por la temporada del año puedes usar las públicas o comprar otra de medio uso. Los clientes son, nada mas todos los que usen ropa.

Algunos solo van a necesitar tu servicio de vez en cuando, pero si tu servicio consta de ir a recoger la ropa, y el mismo día regresarla doblada y con un olor agradable, mucha gente va a preferir pagar aunque tengan lavadora propia.

"No olvides repartir tarjetas con tu dirección y teléfono, para que la gente no sienta desconfianza y te puedan hablar cuando ocupen tus servicios."

Procura no meterte con ropa muy fina o delicada.

*"Un hombre acostumbrado a las adversidades no es fácilmente sorprendido." Samuel Johnson*

## 13.) Masajista

El estrés es un problema para muchísima gente y tú puedes ayudar a reducirlo. Busca en internet, (youtube) los diferentes tipos de masajes, y si es posible toma un curso o pide que te den la oportunidad de aprender aunque no te paguen (solo un corto tiempo).

Debes de cuidar muy bien tu apariencia y especialmente las uñas. (No conozco a nadie que de masajes con los pies pero quizás puedas implantar una nueva moda).

Debes de aclarar en que consta tu masaje, pues puede haber quien se quiera sobre pasar. Si eres de los que están olvidados de la mano de Dios, conocidos popularmente como "feítos" no te preocupes mucho por el acoso, y vas a entender el por qué de tu fealdad. ¿Quizás un plan de Dios?

*"Quien asume riesgos puede perder; pero quien no los asume, pierde siempre." Savielly Tartacover*

## 14.) Pintar Cabello

Cualquiera puede pintarte el cabello, pero no cualquiera sabe aconsejarte, que colores se te ven mejor, dependiendo de tu edad, color, raza, o sexo. Para eso necesitas información y un poco de práctica (en la mescla de colores). Puedes conseguirla trabajando aunque sea haciendo la limpieza en un salón de belleza, en internet, Youtube, libros y revistas o tomando un curso.

También puedes practicar con tus familiares y amigos o vecinos.

"Trata de no pintar a tu abuelita de colores como pelirrojo o azul" pero no dejes de hacerle la propuesta, de repente dice que sí.

*"Se debe saber qué hacer cuando no hay nada que hacer." Savielly Tartacover*

## 15.) Serenatero

En México se acostumbra dar serenatas a las novias o en los días de cumpleaños o de las madres etc.

Esa tradición se está perdiendo poco a poco, y una de las causas es, que cuesta mucho dinero contratar a un grupo de gentes, para que se trasladen a la casa o el trabajo de tu novia, y le canten tres o cinco canciones.

Pero si sabes cantar y tocar un instrumento tu puedes conservar la tradición y vivir de eso a un precio más bajo que lo del grupo. Si no sabes tocar algún instrumento, pon pistas musicales y solo canta.

Si no sabes cantar, o cantas feo pero con sentimiento, has una lista de canciones para que tu cliente escoja cual y con que interprete. Si te gustan las emociones fuertes disfrázate de Vicente Fernández o Paquita la del barrio o cualquiera y solo actúa como si cantaras. Posibles clientes: nomas los que cumplen años.

*"El que piensa en derrota ya está vencido."*
*Anónimo*

## 16.) Guardería De Mascotas

Muchas personas tratan a sus mascotas como reyes. Muchas personas envidian esa clase de vida de perros. Si te gustan los animales y tienes espacio, tú puedes adaptarlo como hotel cinco estrellas para mascotas y eso puede ser poco a poco para que des un buen servicio.

Tienes que ser muy estricto con la limpieza y siempre desinfectar. Tienes que marcar y separar la comida de cada mascota y respetar las cantidades y horarios que te digan lo dueños. Cuidado al juntarlos con otros y cerciórate de que no estén en celo "no se te vaya a aparear un Chihuahua con un San Bernardo que se le haga fácil echarse una siesta" No aceptes todos lo que te lleven pues algunos van enfermos o son muy grandes para tus instalaciones (Marranos, camellos, elefantes, etc.). Asegúrate de que tu anuncio no diga "se reciben toda clase de animales" porque si lo lee una persona que yo conozco, te va a caer, pues siempre trae piojos que le sobran.

*"No todo resbalón significa una caída." George Herbert*

## 17.) Renta De Bicicletas, Patinetas, Pelotas, Etc.

Puedes empezar con bicicletas, patinetas, y pelotas usadas y lo único que tienes que hacer es irte a algún parque y poner un letrero "se renta x hora."

Hay muchas familias que van a los parques pero no van preparados para nada y si tú les facilitas unas bicicletas, o una pelota de voliból o básquet, o dos guantes de beisból con su pelota, o patines o patineta etc. las rentarían. Puedes poner a alguien encargado en cada parque cuando crezca el negocio.

*"El futuro pertenece a aquellos que creen en la belleza de sus sueños."* Eleanor Roosevelt

## 18.) Chef, Cocinero

La receta de la abuela se guisa aparte. No se necesita el certificado o diploma de "profesional chef". Si tú sabes o puedes aprender algunas recetas de exquisitos platillos, ya con eso puedes prestar ese servicio, y así te contraten para que cocines en algunas casas, algunos días especiales, o fines de semana, etc. Pero si lo tuyo es asar carne, también hay mucho mercado.

Procura llegar lo más temprano posible para que cheques que no falte nada. Lleva tus propias herramientas y mantén limpia tu área de trabajo. Limpia todo al final, pues eso habla muy bien de ti. Entrega tarjetas para repartir a los que no te conozcan. Lávate las manos y córtate las uñas.

*"Nunca está más elevado el ánimo que cuando ha encontrado un trabajo adecuado."*
*Alexander Von Humboldt*

## 19.) Renta De Herramienta

Pico, pala, escalera, taladro, martillo, desarmadores, llaves, dados, cadena, gato, compresora, soldadora, carretilla, etc. Así debe ser la lista de todo lo que tengas para rentar. Debes de sacar copias y distribuirlo con tu dirección y teléfono por toda el área cerca de donde vivas. (Primero checa que funcionen, no vayas a rentar lámparas que no prenden) Anota lo que te pidan y no tengas para que trates de conseguirlo.

*"Vale más hacer y arrepentirse, que no hacer y arrepentirse." Nicolás Maquiavelo*

## 20.) Mecánico A Domicilio

Tienes que hacer una lista de lo que puedes hacer pues muchos pensamos en llamar a un mecánico solo cuando se descomponga el motor o la transmisión. En tu lista incluye cosas como se cambian o inflan llantas, se pasan cables o carga de baterías, se cambian parabrisas, se cambian luces de direccionales o delanteras, etc. Lleva tu propia herramienta y si por alguna razón ensucias el interior no olvides limpiarlo.

Tener acceso a este servicio cuando se te queda el carro en la calle, la casa o el trabajo es esencial.

*"Visión es el arte de ver las cosas invisibles."*
*Jonathan Swift*

## 21.) Renta De Lancha

Si tienes una lancha y no la ocupas a diario, pon un anuncio y réntala por día. Si no tienes lancha pero conoces a alguien que tiene, proponle el negocio y repartan ganancias.

Si no quiere ser socio, pero la quiere vender y tú no cuentas con el dinero, dile que se lo pagas con lo de la renta, aunque le suba un poco. Puedes organizar grupos para enseñarlos a pescar, o pasearlos en alguna llanta inflable, mientras sacas dinero para comprar una banana. Si vives en el desierto, olvida todo esto y junta un grupo de gentes, camina con ellos en pleno medio día, hasta que vean el mar y entonces les cuentas todo lo que se puede hacer con el agua.

*"Fortuna y audacia van siempre juntas." Pietro Trapassi*

## 22.) Cuidado De Adultos Mayores

En esto hay muchas áreas, así que puedes escoger. Algunos ejemplos son: llevarlos de compras, pasearlos o llevarlos a eventos, llevarlos a sus citas médicas, bañarlos, leer para ellos, comprar la despensa por ellos, etc. Trata de hacerlo de la mejor manera, pues hay muchas probabilidades que tú te encuentres en esa posición algún día.

*"Cada cosa tiene su belleza, pero no todos pueden verla." Confucio*

## 23.) Renta De Motocicletas

Si tiene o puede conseguir una cuatrimoto de preferencia automática, mejor. La puede rentar en los parques, lagos, ríos, etc. Si tiene una Harley o algo parecido no la rentes, pero puedes cobrar por pasear gente. Procura bañarte y usar bastantito desodorante antes de pasear gente. Si no, va a parecer que les quieres cobrar por fumigarlos.

*"Sólo hay una manera de poner término al mal, y es devolver bien por mal."* León Tolstoy

## 24.) Chofer Por Horas O Contrato

Si te gusta manejar y cuentas con licencia vigente puedes ofrecer tus servicios a los familiares, vecinos amigos. Algunas personas requieren viajar pero no constantemente como para contratar a alguien de planta.

Ofrece tu servicio con flexibilidad, si es necesario llevarlos a otra ciudad para que tomen un vuelo, o disfruten de sus vacaciones, tú te puedes regresar en autobús.
(Cuando lleguen a la playa, no se te ocurra hacer tú show y juntar las manos diciendo, "Como me gustaría algún día venir aquí de vacaciones" y luego dar un profundo respiro y decir "disfrútenlo ustedes que pueden")

NUNCAMENTE!! Despídete, toma un taxi, vete a la central de autobús más cercana, y regresa para buscar otro cliente.

*"El hombre absurdo es aquel que no cambia jamás." Anónimo*

## 25.) Mudanza

Si cuentas o puedes conseguir una pick up ofrece ese servicio especialmente en los departamentos. Mucha gente solo cuenta con autos pequeños y no va a comprar otro para usarlo solo como mudanza una vez al año. También te pueden hablar cuando necesiten reemplazar algún electrodoméstico como el refrigerador o tengan que comprar una puerta o madera, etc.

Has tarjetas, imanes y anúnciate en las diferentes redes sociales.

*"Si quieres cambiar al mundo, cámbiate a ti mismo."* Gandhi

## 26.) Almuerzos, Comidas, Y Postres

Se vives solo en una isla solitaria, una montaña o una cueva, va a tener un poco de dificultad para emprender esto, pues se requiere más gente. Si vives donde existan personas que salgan todos los días a trabajar estas en el lugar correcto. El ajetreo del trabajo nos lleva a tener menos tiempo para cocinar, mucho menos algo saludable. Tienes que tener por lo menos tres opciones de almuerzo, comida y postre pero yo recomiendo que no mas de cinco. Ten una línea de opciones saludables para los que están en dieta.

Entregue folletos con su teléfono y cree un nombre para las redes sociales. Distribuya los folletos personalmente y si tiene posibilidades, regale el primer almuerzo. Vaya comprando vasijas para entregar los almuerzos y comidas en bolsas individuales. Dígales a sus clientes que le manden un mensaje un día antes para que usted se prepare con lo necesario.

Ponga un bote limpio de preferencia nuevo o una bolsa para que los clientes le dejen el tupperware sin bajarse de su auto, o si no que se lo den la mañana siguiente. Si su casa los desvía, váyase a la calle por donde tenga que pasar la mayoría (tienen que ser de el barrio para que sea practico). Cocine con aceite de oliva, coco, o ofrezca pan y tortillas integrales, procure dar algo que no está dando la competencia.

*"¿Por que se ha de temer a los cambios? Si toda la vida es un cambio."* Herbert George Wells

## 27.) Venta De Arboles

Cortando una rama debidamente de cualquier árbol frutal puedes sacar otro idéntico. Los detalles los puedes conseguir en internet, en donde vendan arboles o preguntando a algún jardinero o agricultor.

También puedes empezar comprando o juntando semillas, procura que sean orgánicas de preferencia. Si vas a el mercado y compras un chile jalapeño de los más grandes, le vas a sacar más de cien semillas que puedes sembrar en un recipiente con arena y manteniéndolo húmedo. Cuando nazcan a los pocos días los vas a trasplantar a unos vasos pequeños y desechables con tierra. Si puedes comprar una bolsa de tierra está bien, pero si no, no te preocupes, pues el chile se da casi donde sea, (te va a servir hasta la que traes en las uñas.)

Los puedes vender en unos cuantos dólares ya plantados, y puede ser de cualquier clase de planta, pero si son chiles, no te compliques la existencia, y dale para el barrio Mexicano.

*"El que no puede sobrellevar lo malo no vive parar ver lo bueno."* Proverbio Judio

## 28.) Venta De Garage

Puedes ir casa por casa ofreciéndoles que en su misma casa se puede hacer la venta de garaje y tú te encargas de estar llevándola a cabo el fin de semana. Debes de aclarar cuál va a ser el porcentaje tuyo, y cuanto es lo mínimo que quieren por sus objetos. Pide permiso para que otros vecinos te traigan sus objetos que quieren vender. Pregunta si se requiere de algún permiso. Has publicidad en las redes, periódico, y reparte folletos en el barrio.

*"Gobierna tu mente o ella te gobernará a ti."*
*Quinto Horacio Flaco*

## 29.) Bodega

Si tienes cuartos desocupados o bodega atrás de tu casa, mucho patio, puedes rentarlo para que guarden muebles, ropa, RV, lanchas, carros, motos, etc. Has un contrato, para que no vayas a ser responsable en caso de inundación o cualquier problema de fuerza mayor.

*"Un gran hombre demuestra su grandeza por la forma en que trata a los pequeños."*
*Tomás Carlyle*

## 30.) Jardinería

Si no conoces el oficio no te preocupes pues no tienes que tomar cursos especializados para cortar el zacate, levantar hojas, aflojar la tierra, plantar o trasplantar un árbol (si es un roble de más de cincuenta años, vas a ocupar ayuda) regar las plantas, podar, etc. Para encontrar clientes, necesitas observar los patios de la gente, y si les hace falta algo de lo que describimos arriba, pues ofrece tus servicios (evita lo del roble). Lleva tus herramientas.

*"La presión hace diamantes." George S. Patton*

## 31.) Instructor De Pesas, Aerobics, Zumba, Yoga, Etc.

Puedes hacer grupos en el barrio y en la comodidad de sus propias casas o en parques, usa sus patios, y procura llevar por lo menos tu grabadora o iPod con música para la ocasión, nada de José Alfredo y Chávela Vargas en la clase de Zumba.

*"Un experto es aquél que ya ha cometido todos los errores posibles en una materia muy concreta."*
*Niels Bohr*

## 32.) Pasear Perros/Limpiarlos

Si te gustan los animales esto va muy bien contigo, pero ve incrementando el número poco a poco ve creando tu horario para atender mas clientes. Lleva bolsas para que recojas lo que van dejando "No te guardes las bolsas, tíralas en la basura". También puedes ofrecer el servicio adicional de limpiar el lugar del perro o bañarlo.

No pretendas ser el encantador de perros y llevar diez correas con perros en cada mano, porque puede pasar un gato, y te van a arrastrar por el barrio. (Quiérete y cuídate)

*"La más larga caminata comienza con un paso."*
*Proverbio Hindú*

## 33.) Limpiar Y Dar Forma A Sombreros

Un cepillo, un liquido quita manchas, cualquier cosa que aviente vapor, y agua, es lo que se ocupa, y te lo venden por internet, ya más especializado. Necesitas practicar con los tuyos y conseguir una revista, o bajar en internet los diferentes estilos para que el cliente escoja, y no le quieres poner a todos tu estilo, Duranguense, o de mariachi, o de clavillaso etc.

*"Todos los triunfos nacen cuando nos atrevemos a comenzar." Euguene Fitch Ware*

## 34.) Velador

Mucha gente ocupa un velador solo para las vacaciones, fin de semana o alguna salida de emergencia, como una operación en un hospital de otra cuidad, etc. Necesitas un celular para cualquier emergencia, una lámpara, una silla y un termo lleno de café, también un radio. Si estas incapacitado pero te puedes desplazar en tu silla de ruedas, muletas, o como sea, tu puedes desempeñar ese trabajo perfectamente, solo se trata de prevenir y llamar a la policía si ves algo sospechoso.

*"Cada hombre debe inventar su propio camino." Jean-Paul Sartre*

## 35.) Rentar Tu Auto

Puede ser por días, horas o millas. Si tienes un auto familiar como van o Suburban lo puedes rentar para viajes. Puedes empezar con los familiares, amigos o vecinos. Ponte de acuerdo con tu compañía de seguros para que te asesore correctamente para proteger tu vehículo y los que lo renten. O a los que se les descomponga el suyo y lo tengan que dejar reparando por unos cuantos días etc.

*"El mundo nada puede contra un hombre que canta en la miseria."* Ernesto Sábato

## 36.) Eléctrico/ Mil Usos

Deja tu información en los buzones o casas con una lista de lo que sabes hacer. Puedes comprar por mayoreo focos (de los que ahorran energía) para cuando no haya trabajo, te vayas casa por casa explicándoles lo que van a ahorrar en el recibo y haciéndoles la instalación al momento. (Nunca olvides tu herramienta y escalera) Si no sabes de electricidad dedícate a cambiar focos únicamente, no te vayas a convertir en carbón.

*"Quien comienza por sentirse capaz, acaba por serlo." Franz Wergeld*

## 37.) Cortar Pelo

Si tienes experiencia pues que bueno, pero si no pues busca donde den un curso, compra un libro, busca en internet (Youtube) y practica con los que se dejen. Para un toque personal, estudia los tipos de caras y cual corte les favorece.

Al principio no te quieres aventar los grandes peinados y si es posible cortárselo a niños y a hombres solamente pues es más fácil. Así te vas a evitar que te corran de sus casas las mujeres que son bien especiales (por no decir otra cosa). Puedes comprar unas gorras de beisbol por si los primeros clientes los dejas llenos de mordidas 'pues ponles la gorra en corto.'

*"A menos que creas en ti mismo, nadie lo hará; éste es el consejo que conduce al éxito."*
John D. Rockefeller

## 38.) Secretaria Pública

Puedes prestar estos servicios por horas o por contrato. Muchas compañías que van empezando o son pequeñas, no pueden pagar un sueldo permanente, pero necesitan el servicio en periodos cortos de esa manera tú puedes trabajar para dos o más compañías y no afectar a nadie en sus gastos de nomina.

*"Todas la cosas son imposibles, mientras lo parecen." Concepción Arenal*

## 39.) Renta De Ropa

No vayas a intentar comprar una paca de ropa usada y querer rentarla. Puedes conseguir ropa de marca y en buenas condiciones en las ventas de garaje o con los familiares y amigos y vecinos.

Trata de conseguir exhibidores para que la cuelgues. Toda la ropa debe estar limpia. No rentes ropa defectuosa o con hilos colgando. No quieres rentar ropa interior aunque sea Calvin Klein o Victoria's Secret.

*"Conócete, acéptate, supérate." San Agustín*

## 40.) Escribir Canciones, Poemas, o Rimas

Si tienes ese talento ofrece ese servicio pidiendo que te manden información y datos. Si alguien quiere que le compongas algo para él o para alguien más, su novia, esposa, papa, etc.

Utiliza programas de computadora en los que agregues arte o fotos a tu poema para hacerlo aun más personalizado.

Pueden ser versos muy reflexivos y conmovedores como este: Doña Inés del alma mía, luz de donde el sol la toma, me he pasado todo el día, nomas chiflando en la loma.

*"Quien no añade nada a sus conocimientos, los disminuye."* El Talmud

## 41.) Cafetería Solo Para Mujeres

Si eres hombre o por lo menos (que tengas cuerpo de hombre) y eres bien parecido o fisicoculturista, puedes estar de mesero o cobrando. Pero si no eres nada guapo y estas un poquito descuidado con tu barriguita como de 8 meses, y nada que ver por ningún lado, no te preocupes, también se ocupa alguien para el estacionamiento y que recoja la basura, y limpie los baños.

Puedes conseguir quien se quiera asociar en los gimnasios. Vende ensaladas, café, té, etc.

*"Aprenda a doblarse, es mejor que quebrarse."*
*Leo Buscaglia*

## 42.) Venta de Uniformes Usados

Muchas escuelas usan el mismo uniforme cada año pero los niños crecen muy rápido y muchas veces los dejan en buen estado.

Dedícate a comprárselos o quizás te los quieran donar y al siguiente año reparte tu propaganda cuando sean las inscripciones pero todo el año puedes estar vendiendo y comprando.
Pide permiso a la escuela para que te dejen repartir publicidad a los niños. Pueden ser escuelas de karate también.

*"Cuando se encuentre en un agujero, deje de excavar."*
*William Penn*

## 43.) Traductor

Si sabes algún idioma que no sea común donde vives, puedes ofrecer tus servicios en la embajada de ese país, hoteles, hospitales, corte, policía, etc. También puedes cobrar muy bien por traducir documentos o cartas etc. Asegúrate de comprar un buen diccionario de ambas lenguas.

*"Encuéntrate y se tu mismo; recuerda que no hay nadie como tú."* Dale Carnegie

## 44.) Pulir Cromo

Rines, defensas, y otros accesorios de autos o tráileres los puedes dejar como espejo. Lo más fácil para que consigas trabajo es ofrecer una muestra gratis. Así que deja un rin como nuevo y va a ser muy difícil que la gente quiera andar tan dispareja.

Aunque hay algunos que tienen ese estilo. También puedes limpiar los faros amarillos de la luz delantera de los autos, solo necesitas aceite de bebe y una lija de la más fina que venden y quedan transparentes otra vez.

*"Es mejor gastarse que enmohecerse."* Robert Burns

## 45.) Equipo de Pesca

Puedes comprar riles usados, salvavidas, kayak, etc. y los puedes rentar en algún rio, muelle, puente, lago, etc. También puedes vender lombrices e insectos, esas están en cualquier parte, si están muy largas córtalas a la mitad. Pregunta si necesitas comprar algún permiso.

Busca clientes para lo que pesques, pues muchos no quieren lo que pescan y te lo pueden dar.

*"Es mejor prender una vela que maldecir las tinieblas." Confucio*

## 46.) Empedrar Jardines

Muchas personas no tienen el tiempo para cortar el césped seguido y tu les puedes ayudar colocando piedra laja encima de el césped, o diseñándoles caminos para cuando llueva no ensucien la casa. Puedes haces figuras o letras con las piedras. También puedes reemplazarlos por pasto sintético (de hule) y ya no tienen que gastar en agua.

*"Haz siempre lo que temas hacer." Ralph Waldo Emerson*

## 47.) Auto Publicidad

Ponte de acuerdo con algún negocio o empresa y pinta tu auto de publicidad. Pueden ser calcomanías, mantas, o imanes. No es necesario que manejes todo el día pues te vas a gastar el sueldo en gasolina. Lo puedes dejar estacionado en algún crucero o estacionamiento público y moverlo a diferente lugar cada día. Esto también funciona para promover políticos, así que ponte listo antes de las elecciones.

*"Para atrás ni para darse impulso." Lao-Tsé*

## 48.) Aguas Frescas

Vete a los parques o lugares donde la gente acostumbre caminar, especialmente en la tarde y llévate una hielera portátil con un anuncio que diga los diferentes sabores de agua que vendas. Limonada, Jamaica, horchata, sandia, pepino, piña, etc. Llévala ya en vaso de hule espuma con tapa y siempre lleva cambio. Verifica si necesitas tramitar algún permiso. Si no, de perdida puedes vender botellas de agua bien fría de tú hielera portátil.

*"No te contentes con alabar a las gentes de bien: imítalas."* Isócrates

## 49.) Entrenador Individual

Hay personas que quieren aprender o mejorar en golf, basquetbol, tenis, voleibol, futbol, etc. Es muy costoso para la gente que no conoce el deporte comprar todo el equipo solo para ver si les gusta. Si sabes jugar y tienes el equipo o lo puedes conseguir, anúnciate y da la primera clase gratis. Muchos padres quisieran que sus hijos jueguen mejor en el equipo, pero no saben cómo ayudarlos. Anúnciate en las escuelas o gimnasios. Creo que vas a tener muchos alumnos que por lo menos van a la primer clase.

*"Piensa que cada día puede ser el ultimo." Quinto Horacio*

## 50.) Vende Cucarachos

Los cucarachos son proteína que ya está en muchos productos que consumimos pero dice "receta secreta" o algo así. En China, tienen criaderos de cucarachos en cubos de tres metros cúbicos y los alimentan con las sobras de comida. El costo es de entre 25 a 50 dólares por año y te los pueden llegar a comprar hasta en 10,000 dólares. El cucaracho no tiene que ser chino; puedes usar los que tienes en tu casa (que son bonitos ejemplares). Desde hoy trátalos con cariño pues pueden ser tu salvación.

Busca en internet información sobre el tema.

*"Promete poco y cumple mucho."* Demófilo

## 51.) Organiza Grupos Para Bucear

Busca los mejores lugares si vives cerca del mar, o un rio, o lago, y si vives lejos, ponte de acuerdo con alguna compañía de autobuses y te pueden rentar una unidad por un par de días, y a buen precio si lo rentas regularmente, puedes vender todo el paquete incluyendo comidas y hotel.

*"Quien quiera ver prosperar sus negocios, consulte a su mujer."* Benjamin Franklin

## 52.) Pintar Caras/Decorar Globos

Puedes ir a los parques o salones de fiesta infantiles. Píntate la cara para que solos se te acerquen. Lleva contigo un catalogo de las diferentes pinturas que les puedes poner, y no te limites solo a los niños. Puedes ponerle a unos la pura nariz, o solo los cachetes y la boca, y a otros toda la cara para que tengas de diferentes precios. Pueden ser también tatuajes temporales. Aprender a hacer diseños con globos es genial también para fiestas infantiles, parques, etc.

*"Si te das cuenta que te equivocaste de camino, lo correcto es dar la vuelta." Arnulfo Valdez*

## 53.) Cementerio para Mascotas

Pregunta qué clase de permiso necesitas y busca quien tiene algún terreno que le puedas pagar en abonos o que quiera ser socio. En el futuro puedes vender cruces, lapidas, cajones, y hasta construir una pequeña funeraria para darles el último adiós. Si puedes, ahorra para comprar una limusina usada y la uses para recoger los cuerpos.

*"Si no esperas lo inesperado no lo reconocerás cuando llegue." Heráclito*

## 54.) Clases de Idioma

Si sabes algún idioma ingles, francés, japonés, alemán, o chichimeca. Anúnciate y da clases a domicilio, o organiza un grupo en tu casa o la de algún estudiante. Cómprate una guía para que tus clases tengan algo de estructura.

*"Si no tienes nada que perder, juégatelo todo."*
*Isaac Asimov*

## 55.) Enseñar Cómo Usar una Computadora a Adultos

Muchos tienen en sus casas computadora por que se la compraron a sus hijos pero no saben ni prenderla. Cóbrales una cuota para ensenarlos a usarla, por lo menos lo más básico, ayúdales a crear una cuenta de Facebook y que tengan contacto con todos sus hijos y nietos y los pueda regañar virtualmente por Skype.

*"Toma las cosas por el lado bueno."* Thomas Jefferson

## 56.) Venta de Computadoras

Algunas personas o negocios cambian de equipo de cómputo por que requieren o les gusta lo más actualizado, pero hay muchos que solo lo necesitan para lo básico. Diles que te den un precio, tómale fotos y vendeos con alguna ganancia.

*"Unce tu carro a las estrellas."* Ralph Waldo Emerson

## 57.) Zapatería de Medio Uso

Pide casa por casa los zapatos que ya no quieren o ya no usen pues a algunos ya no les quedan o ya no les gustan. Tu déjalos en la mejor condición que puedas y has una exhibición en tu casa. Dedícate a buscar los precios originales para que los clientes sepan cuanto se están ahorrando.

Crea un catalogo en Facebook, pagine web, Craigslist, Ebay, etc. Lava a los que se pueda, pero a todos dales una desinfectada, pues muchos quieren tener cuerpo atlético, pero no solo pie de atleta.

*"Un hombre con una idea nueva es un loco hasta que la idea triunfa." Mark Twain*

## 58.) Granja a Medias

Si sabes algo de agricultura puedes proponerle a alguien que tenga terreno y no lo esté usando, dile que tú lo siembras y comparten ganancias. Pueden ser verduras a corto plazo o árboles frutales, o mixtos para que siempre tengas algo que vender.

*"El arte de vencer se aprende en las derrotas."*
*Simon Bolivar*

## 59.) After Party Café

No debe ser una cafetería normal donde el ambiente está muy tranquilo, hay mucha gente que sale de sus reuniones, conciertos, fiestas, o antros pero no quiere irse a dormir.

Tú debes de crear una atmosfera agradable con música y si es posible a media luz. También puedes dejar espacio para que bailen, pues van a llegar algunos con vuelo todavía. No te metas en cocina pues es mucha inversión, solo vende café, galletas, o cosas que se puedan preparar en el microondas como alitas etc. Puedes ponerte de acuerdo con algún restaurante que venda comida 24 horas para pedirle comida si alguien quiere. No dejes que tomen alcohol para que no te vayan a cerrar el negocio. Puede estar abierto desde temprano pues hay muchos menores que no tienen dónde ir, o personas que no quieren estar donde venden alcohol.

*"El dolor es inevitable pero el sufrimiento es opcional."* Buddha

## 60.) "Yonke" Virtual

Busca gente que tenga carros que ya no estén circulando por alguna razón y diles que lo vendan en partes y reparten ganancias. Tu anúnciate como Yonke y has una lista de las partes que puedes conseguir, si son autos clásicos mejor. No te enamores de ninguno hasta que tengas solvencia económica, y no te gastes tu dinero comprando autos, pues vas a tener gastos fijos que no necesitas. Puedes buscar lo que el cliente necesita o algún yonke te ordene.

*"El que teme sufrir, sufre de temor."* Proverbio Chino

## 61.) Taxidermia

Puedes tomar cursos hasta por internet o trabajar para alguien que ya está en el negocio y que te de consejos. Hay mucha gente que quiere mucho a sus mascotas así que ofréceles tenerlas por siempre, y si no te gusta el oficio solo dile a el de el taller que te de un buen precio y tu le llevas la mascotas y cobras un poco más caro. También te puedes poner de acuerdo con los que recogen los animales muertos en la carretera.

*"Entre todas la palabras tristes, la más tristes son estas: 'Pude haber sido'." John Greenleaf*

## 62.) Compra Venta de Autos Pero Sin Autos

Vete casa por casa preguntando quien quiere vender su auto y tómale fotos para que hagas tu propio catalogo. Ponte de acuerdo con el porcentaje de tu comisión y dedícate a llevar clientes que puedes contactar en las redes sociales.

*"Las penas y preocupaciones no se ahogan en*

*alcohol, saben nadar." Anónimo*

## 63.) Leñador y escultor

En los lugares donde están haciendo construcciones o caminos nuevos dejan mucha leña tirada que muchas veces se echa a perder, también puedes ofrecer tus servicios para limpiar los caminos de los ranchos y así obtendrías doble ganancia. Pero si la madera es de buena calidad y le echas un poco de cerebro, quizás puedas sacar bastones, muletas, mesas de centro o bancos rústicos que puedes vender a muy buen precio, entre otras cosas que se te ocurran. Puedes restaurar puertas viejas o crear muebles rústicos de los troncos. Toma ideas de las revistas de decoración. Vas a necesitar un hacha, una moto sierra, guantes y lentes (y ganas).

*"Las tormentas hacen que los árboles tengan raíces profundas." Dolly Parton*

## 64.) Estacionamiento en tu patio

Dile a los vecinos que cuando tengan invitados y necesiten un lugar seguro para estacionarse, pues que les rentas tu patio, y si vives cerca de algún negocio, salón, o oficinas que no tengan suficiente estacionamiento, ofrécelos y quizás consigas un sueldo extra por semana.

*"Nadie puede dañar un hombre tanto como él mismo."* Benjamin Whichcote

## 65.) Cena Para Días Festivos

Por ejemplo el día de dar gracias se acostumbra el pavo. Pues vende pavo precocido o ahumado que ya no tengas que usar el horno tanto tiempo y dedícate a preparar todo los demás complementos. De esa manera tú entregarías un pavo que la gente tuviera que poner en su propio horno por cierto tiempo y ya tendrían todo listo gravy, postre, etc. Crea tu menu para que el cliente tenga opciones.

*"No hay árbol que el viento no haya sacudido."* Proverbio Hindú

## 66.) Tour En La Cuidad

Puedes organizar tours para turistas, locales o pueden ser mixtos. Los tours pueden ser en varios autos, si las distancias son lejos, puedes hacerlos en bicicletas o a pie. Apréndete la historia de la ciudad y sus sitios históricos y si hay algún lugar donde pasen cosas raras pues llévalos. Lleva una video grabadora o un celular que grave, para que les mandes su video de asustados y te den publicidad gratuita.

*"Aún en el día más borrascoso la horas y el tiempo pasan."*
*William Shakespeare*

## 67.) Restaurante para Mascotas

"Se prohíbe la entrada de humanos si no son acompañados de su mascota." Este puede ser el letrero que cuelgue en la entrada. Necesitas un toldo, carpa, o techo que este al aire libre y así tú lo quitas y lo cambias de lugar como mejor te convenga. Puedes poner un buffet de croquetas el día que lo organices para perros y tener huesos y juguetes para que se diviertan. Venden un equipo con sensores que pones en diferentes distancias, figurándote las cuatro esquinas de un cuadro y los perros no se salen aunque no exista cerca. (Pregunta en las tiendas de mascotas)

Vende café, agua, refrescos, pon mesas y sillas, para que las mascotas tengan donde sentar a sus invitados.

*"Ojalá vivas todos los días de tu vida." Jonathan Swift*

## 68.) Concierto Casero/ Fiestas de Niño

Si conoces a un buen músico que pueda dar un concierto plantéale la idea y tú organiza todo en tu casa o la de algún conocido.

Puede ser en algún patio pero consulta con

el músico, cantante o poeta. Has lo posible por pagarle bien para que te recomiende con otros amigos artistas. Si no conoces a nadie de ese ramo ve a la universidad o donde se presenten o estudien músicos o envíales un correo. Si no es muy conocido pero tiene talento, diles a los que invites que aprovechen y se tomen fotos antes que se convierta en estrella inalcanzable. Puedes vender la entrada con cena incluida.

*"Haz lo necesario para lograr tu más ardiente deseo, y acabarás lográndolo." Ludwig Van Beethoven*

## 69.) Adornar Casas Para Días Festivos

Puedes tener tu propio equipo, o comprarlo a buen precio fuera de temporada, y rentarlo e instalarlo. Por ejemplo, las extensiones de Navidad, Santa, que adornan la casas y patios, o las coronas que ponen en las puertas, o pinos ya adornados, etc. Si tú te encargas de ponerlo. Mucha gente te puede contratar para usar sus cosas, o te puede rentar las tuyas. Tendrás otro trabajito si ofreces ir a quitarlo después de la temporada y guardarlo muy bien.

*"No desear nada es no vivir." Paul Géraldy*

## 70.) Aceite Quemado

Muchos restaurantes tienen que pagar para tirar el aceite que ya usaron, pero si lo recolectas lo puedes vender, pues cada día hay más autos que usan biodiesel. Busca que compañías te lo compran.

*"Hay solo un obstáculo para ser lo que deseas, 'tu'." Arnulfo Valdez*

## 71.) Carreras de Animales

"3, 2,1 ¡¡¡PUM!!! (Balazo) ¡¡¡Arrancan!!! Salen los ocho casi al mismo tiempo, pero el numero tres empieza a tomar la delantera, el número siete se tropieza y se queda atrás, el uno y el dos van a la misma distancia y se ven de reojo, desde atrás viene el número cinco subiendo posiciones, en la recta final el numero tres lleva la delantera pero el cinco viene con todo, increíble, el cinco esta a un paso para alcanzar al número tres. Se empatan, el cinco, el tres, el tres, el cinco ¡¡hay una gran confusión!! ¡¡¡Vamos a ver la cámara!!!"

La carrera puede ser de cucarachas, ranas, sapos, hormigas, arañas, perros, marranos, gusanos, patos, gallinas, etc. Puede ser en parques o ranchos; cobra para que corran sus animales a la audiencia. Busca la manera de hacer tu pista de carreras con sus cajones como un mini- hipódromo. Si traen mucho tiempo has una de tortugas o de caracoles (evita las de piojos, aunque te sobren). Cuida que los animales estén en un lugar seguro, y con comida y agua, y no los maltrates, para que no vayas a ser el primero en ir a la cárcel por atormentar cucarachas.

*"Pobre del que nunca ha sido pobre." Andres Ramos*

## 72.) Tierra para Plantas

Llévale una muestra a alguien que sepa un poco y si pasa la prueba échale todo lo que te sobre de comida y revuélvela (si es que te sobra), si no pues dile a los vecinos que te lo junten y la dejas varios meses y ve usando otra nueva para que siempre tengas. Si no tienes suficiente o no es de buena calidad pero tienes espacio, compra un camión con tierra sin preparar y tú prepárala, también puedes limpiar algún establo o corral de chivas, para usarlo de abono y revolverlo. Lee acerca de los materiales que necesitas en el internet, hay diferentes tipos. Depende de la tierra de tu cliente y sus necesidades.

Llévale una muestra a alguien que venda plantas para que te dé su opinión o consejo, y quizás te compra hasta la de las uñas.

*"La desgracia es como un perro que se sienta al lado de quien lo acaricia y huye cuando la reciben a palos."*
*Luis Martínez Kleiser*

## 73.) DJ

Hasta con un teléfono puedes hacer tus propias listas de canciones en tu teléfono o iPod y usarlas según la ocasión. Vas a necesitar conseguir unas bocinas y un micrófono aunque sean de medio uso y échale enjundia para que seas un buen animador de fiestas y te vuelvan a hablar.

*"Tuve por maestro a la desgracia y me ha servido de mucho."* Confucio

## 74.) Cuenta Chistes

Si no tienes gracia mejor pásate esta hoja o no lo intentes por favor. Pero si tienes gracia has tu lista de chistes o monologo y practica, y tomate el tiempo; puedes comenzar llevando tu lista como algunos lo hacen, y para tener publicidad sube unos cuantos en Youtube y dile a la gente que los vea, o en una reunión dales una probadita de unos 10 minutos con lo mejor que tengas. Se creativo y diles que traes diferentes shows o monólogos y dales los títulos como estos: Mi novia la chimuela, El gato con tenis, o ¿porque dijo chachita que la bolsearon? No digas todo en una noche y ponle fin al show. 30 minutos está bien, así se quedan picados.

*"El que puede cambiar sus pensamientos puede cambiar su destino." Stephen Crane*

### 75.) Renta de Ollas o Vasijas

Si no eres buena/o para la cocina por lo menos puedes hacer negocio con los que si son. Mucha gente sabe cocinar, pero no se dedica a hacer banquetes todos los días, solo en ocasiones especiales, pero tiene que andar pidiendo el equipo prestado. Pregunta que es lo que usan y no tienen, y consíguelo de medio uso. Si tu servicio incluye limpiarlo te lo van a entregar hasta con comida.

*"Si no piensas en tu porvenir, no lo tendrás." Galbraith*

## 76.) Renta de Mesas y Sillas

Hay muchos lugares que lo hacen, pero todavía no conozco uno que me haya preguntado en que días del año tengo fiestas de cumple años, o cualquier evento y me llame. Has tu calendario con esa clase de información y olvídate de la competencia. Pero llámales a tus clientes desde antes y si puedes ayúdale a acomodarlas, esos detalles te van a dar más publicidad que cualquier otra cosa.

*"Cuanto mayor es la dificultad, mayor es la gloria."* Marco Tulio Cicerón

## 77.) Renta de habitación

Lo más fácil es poner un anuncio en las escuelas, especialmente universidades, pero anúnciate en las redes sociales también. Trate de tener la casa lo más presentable que se pueda, no solo la o las habitaciones que deseas rentar. Respétale sus espacios y mantén limpio el baño. No vayas a poner tus colchones llenos de mapitas si no quieres fracasar. Lávalos de perdida. Respeta su estacionamiento, y aclara bien los horarios, comidas y días de cobro.

*"Cuando todos te abandonan, Dios se queda contigo."* Gandhi

## 78.) Clases de Baile

Si lo tuyo es mover el cuerpo con ritmo y sabor, pues hay que sacarle provecho. Hay mucha gente que le gustaría aprender a bailar, pero por falta de tiempo o por vergüenza no se inscriben en una escuela de baile.

Entonces lo que debes de hacer es ofrecer tu servicio a domicilio, e ir preparando con tu música, y si fueras con pareja podrían dar una exhibición de lo que pueden aprender: salsa, bachata, merengue, rumba, tango, etc. Diles que junten a sus familiares, amigos y vecinos. Estando en grupo se dan cuenta que hay otros peores.

Lo bueno es que muchos de los que no tienen ritmo, tampoco tienen vergüenza. Vístete de acuerdo con el estilo de baile que vas a enseñar; no pretendas ir en pants con chanclas y decir que eres maestro de tango.

*"Dios prefiere a la gente común, por eso ha hecho tanta." Abraham Lincoln*

### 79.) Chofer Designado

Si tienes auto propio pues puedes ofrecer tu servicio y así puedes llevarlos a un evento y que te hablen o te digan a qué hora los levantas.

Pero si no tienes carro y te ocupan esporádicamente vas a tener que quedarte en el evento, así que pórtate bien y no tomes nada de alcohol para que al final no vayas a ser tu el que se lleven en rastra y salga tu foto en el Facebook con el título "Chofer Designado Profesional."

*"Dios provee a cada pájaro con un alimento, pero no se lo echa al nido." George Herbert*

### 80.) Renta de Skype

Todavía existen muchos lugares donde mucha gente no tiene computadora. Si vives en alguna de esas áreas y tienes una computadora o puedes conseguir una, pregúntale a los vecinos si tienen familiares en otras ciudades que quieran ver y hablar con ellos usando tu computadora ya sea en tu casa o en su casa dependiendo donde tengan internet. Muchas familias se encuentran separados de sus seres queridos que dejaron en su país de origen, México, o Centro/ Sur América, con este servicio les traerás un rinconcito de su casa. Ofrécelo la primera vez gratis y después vas a tener tu clientele segura.

*"No hay nada que Dios no pueda realizar."*
*Marco Tulio Cicerón*


### 81.) Mantenimiento de Muebles

Puedes ofrecer tu servicio limpiando los muebles que se usan en el interior o exterior, lavando los colchones, tapetes o cortinas y si puedes en algunos casos, también restaurarlos. Si te dicen que no ocupan tus servicios diles que quiten la sobrecama al colchón de los niños y quizás encuentren un mapa con varias islas. Si el colchón trae islas muy grandes probablemente no es el do los niños.

*"Si Dios está con nosotros, ¿quien podrá contra nosotros?" Romanos 8:31*

## 82.) Casas de Campaña

Puedes rentar casas de campaña para la gente que sale de vez en cuando a un día de campo o a la playa, pero también puedes buscar un buen lugar para poner tus casas de campaña y que la gente llegue y ya esté todo listo para pasar la noche, puede ser cerca de un rio, lago o cualquier lugar donde exista un bonito paisaje, y no tiene que estar muy retirado de la ciudad.

Aunque sea propiedad privada, o parque nacional, tú pregunta en cuanto te rentan un pedazo, y toma fotos para que lo anuncies en las redes con el mapa y la distancia, y si hay animales procura conseguir fotos (no de pie grande, por favor).

*"Cuando Dios cierra una puerta abre una ventana." Anónimo*

## 83.) Venta De Pollos

Para este negocio se necesitan muchos huevos que puedes conseguir en internet o con cualquiera que tenga gallinas con gallos. Venden incubadoras muy baratas de medio uso o puedes hacer la tuya propia con una caja de cartón, garras o trapos, un recipiente con agua, un termómetro, y un foco que es el que vas a cambiar dependiendo del tamaño de la caja o lo puedes alejar o acercar para conseguir la temperatura necesaria (checa en internet la temperatura y cada cuando voltear los huevos). Cuando tengas lo pollitos, los puedes ofrecer casa por casa especialmente donde tengan niños, y déjales tu dirección por si cuando crezcan ya no les gusta, pues se los recibes.

Si no los vendes pues has un gallinero y dedícate a vender huevos. Si vives en un departamento, mejor trata de buscar a alguien que te preste o rente su patio. Si al principio no tienes dinero para la renta, dile que le pagas con producto.

*"El viejo no puede hacer lo que hace el joven; pero lo hace mejor." Marco Tulio Cicerón*

## 84.) Venta De Frutas

Una manera de conseguir frutas a muy bajo costo es poniéndote de acuerdo con los supermercados y recoger las frutas que no se han vendido y que ya están en su punto, pues ellos no las van a seguir exhibiendo si se les empieza a pasar el tiempo y las tiene que tirar. Otra manera es con los que tengan árboles frutales y no les quitan los frutos por cualquier razón y estos terminan en el suelo llenos de moscas.

Tu puedes vender aguas de frutas, licuados, cocteles, hacer mermeladas y envasarlas o paletas de fruta.

Un mango congelado con un poco de chamoy o tamarindo, y con un pedazo de madera ensartado, ya es una paleta muy original y nutritiva.

*"Ninguno hay que no pueda ser maestro de otro en algo." Baltasar Gracián*

## 85.) Torneos de Deportes

Si conoces bien cualquier deporte especialmente las reglas o billar, ajedrez, domino, caminata careras de bicicleta, etc.

Cómprate tres trofeos o medallas y has una convocatoria con toda la información: fotos de el trofeo, nombre de el evento (ejemplo: "El corredor del año"), pon el costo de la inscripción y procura hacerlo abierto para que puedan participar de cualquier edad.

Has un recorrido por los parques o clubs donde se junten personas que practiquen esa actividad y no excluyas a los que tienen alguna discapacidad, puedes organizar una carrera en sillas de rueda o con muletas, etc.

*"Nada grande se ha realizado nunca sin entusiasmo." Ralph Waldo Emerson*

## 86.) Clases De Manejo

Primero lee las reglas tú, pues no vayas a ser de los que creen que saben y piensan que todos los demás son los que están mal.

Suponiendo que sabes y tienes o puedes conseguir un automóvil. Anúnciate y busca un lugar despoblado de preferencia afuera de la ciudad. Puedes poner algunos obstáculos que no dañen el auto como llantas usadas y así hacer un camino o un cajón para que se estacionen sin ningún riesgo en caso de alguna equivocación. Quizás en alguno países tengas que tomar un curso para poder dar algún certificado pero sin certificado en cualquiera puedes enseñar.

El automóvil tiene que traer aseguranza.

*"El único hombre que no se equivoca es el que nunca hace nada." Theodore Roosevelt*

## 87.) Educar Animales

Si tienes experiencia para educarlos como andar correctamente con la correa en el caso de los perros o no dejar huellas de sus encantos por toda la casa, sino en un solo lugar, o enseñarlos a hablar en el caso de algunas aves.

Si eres de las personas que nunca se callan probablemente naciste para amaestrar cotorros.

*"Haz lo que puedas y Dios hará lo que no puedas." San Juan Bosco*

## 88.) Eventos para Solteros/as

No te vayas a creer el "super-cupido", aunque si se da el caso y se amarran, pues no hay nada que hacer.

Pueden ser eventos para mujeres solamente, hombres, y algunas veces mixtos, así puedes ver cual tiene más éxito.

Puedes hacerlos en algún privado de algún restaurant, y así cada quien paga por lo que consume y tu solo cobras por el evento.

Puedes invitar a alguien que hable de algún tema interesante, un doctor, psicólogo, empresario, etc. Puedes hacer juegos para mujeres, o torneos, especialmente cuando sea de hombres. Ajedrez, domino, damas chinas, etc.

Si tienes casa lo puedes organizar tú y puedes usar tu patio y puedes pedir pizza, etc. No le des el enfoque de encontrar parejas, se original.

*"Nadie se ha ahogado en su propio sudor." Ann Landers*

## 89.) Escultor de Playa

Esto es para los que tienen acceso a una playa.

No es muy difícil hacer algunas figuras en la arena como una tortuga, delfín, pulpo, caracol, concha o un castillo, que puedes construir y pedir una cooperación para que se tomen fotos. Quizás algún hotel te contrate para que sea un atractivo más para sus clientes.

Dile al gerente que te dé la oportunidad un día y que pregunte a sus huéspedes que piensan de eso.

Fíjate a qué distancia los haces del mar, pues a cierta hora la marea sube y el pulpo va a quedar sin brazos, y vas a tener que decir que es un cacahuate. Invita a los que pasen a que te ayuden para que se sientan útiles y no estén dioquis nada más mirando.

Pon el record del castillo más grande, alto, largo, ancho, bonito o feo del mundo.

*"No digas 'Es imposible,' di 'No lo hecho todavía." Proverbio Japonés*

## 90.) Reparaciones o Mantenimiento

Desde cambiar la chapa de la puerta hasta poner el tornillo en el lugar indicado para poner un cuadro o un espejo tiene su chiste. Puedes limpiar el ático, los candiles o ventanas que estén a gran altura o reparar pequeños detalles de plomería.

Consigue una escalera por lo menos Has una lista de los servicios que ofreces con tu teléfono y repártela.

*"Reza, pero no dejes de remar hacia la orilla."*
*Proverbio Ruso*

## 91.) Remodelación de Tumbas

Si donde vives hay alguna tumba de algún ser querido, pues empieza por ahí. Tómale fotos antes y después. Si estas lejos de las tumbas de tus seres queridos ve a cualquier panteón y busca una que este descuidada, no vas a batallar ni a caminar mucho. Tómale una foto y pregunta que está permitido ponerle: flores, fotos, piedras pintadas, etc. Si te dejan poner plantas pregunta en el invernadero cuales te recomiendan para que sobrevivan es ese clima sin tanto cuidado.

Arréglala lo mejor que puedas aunque no conozcas a él muertito; quizás te este viendo y te mande una bendición. Quizás puedas trabajar en coordinación con algún panteón y te puedan facilitar información de los familiares de los muertos con tumbas descuidadas. Has tu catalogo de las tumbas que vayas arreglando antes y después.

*"Todo lo que hagas el día de hoy se reflejara en el día de mañana." Anónimo*

## 92.) Letreros de Piedra

Necesitas un martillo (mazo), cincel, lápiz, regla, un compás y piedras.

En cualquier piedra puedes esculpir letras y números pero hay algunas muy duras, especialmente las de rio.
Puedes hacer letreros con la dirección de la casa, el apellido de la familia o el nombre del negocio, y esas se ponen afuera para que el cartero o cualquiera sepan la dirección.

Las piedras deben de ser de un tamaño que le puedas poner letras y que se lean desde lejos.

Puedes llevar la piedra y trabajar en la casa o negocio donde va a quedar, eso te puede ayudar para futuros clientes. Hay maquinas eléctricas manuales, o sistemas de arena a presión que puedes comprar en el futuro.

*"Un hombre que decide hacer algo sin pensar en otra cosa, supera todos los obstáculos."*
*Giovanni Giacomo*

## 93.) Facial o Maquillaje

Dicen que no hay mujer fea pero algunas veces me he preguntado si ese dicho es ya muy viejo, pues desde antes de Jesucristo ya había dichos, o quizás algunas no son mujeres y por eso se ven diferentes, y lo que más está afectando es la publicidad de algunas artistas, pues intentando parecerse a alguna famosa, acaban asustando gente.

Si sabes que colores le quedan a cada piel dependiendo la edad, pues échales una mano y con los faciales puedes agarrar parejo. Mucha gente nunca va a ir a un salón para que le embarren aguacate en la cara, pero en su casa si se van a dejar.

*"Por negra que sea la nube, la lluvia es blanca."*
*Proverbio Hindú*

## 94.) Sastre o Costurera

Si sabes cocer y tienes o puedes conseguir tu propia maquina, con eso puedes empezar. No te anuncies como "Súper Diseñador," mejor di lo que sabes hacer, arreglar vastillas, reemplazar zíper, poner botones, etc.
Ten siempre un chal negro que queda con todo, por si a alguna no le cierra el zíper del vestido o va peligrando que se reviente como

Hulk, pues que no se lo quite aunque sea pleno verano. (Si no tienes chal, pues un reboso).

*"Puedes llegar a cualquier parte siempre que andes lo suficiente." Lewis Carroll*

### 95.) Venta de Snacks

Dependiendo del país en que te encuentres y del área, probablemente necesites un permiso, pero con un microondas y un refrigerador, puedes comenzar.

Desde hot dogs, nachos, palomitas, papa al horno (al microondas), helados, frito pie, refrescos, etc.

Si tienes alguien quien te ayude, ofrece el servicio a domicilio, entrega tarjetas o propaganda con el menú y tu número de teléfono.

*"El éxito es aprender a ir de fracaso en fracaso sin desesperarse." Winston Churchill*

## 96.) Moto Emergencia

Esto es para los que viven en alguna ciudad grande donde el tráfico se convierte en caos a diario.

Tu servicio va a consistir en sacar a cualquiera que te llame del tráfico y ayudarle a que llegue a tiempo a su destino (usando una motocicleta).

Puedes anunciarte en cualquier parte y hasta con los taxistas, pues no son competencia. Te pueden hablar cuando no puedan prestar el servicio por algún accidente en la carretera o cualquier cosa.

(No pretendas llevarte a toda la familia y a la abuela en los cuernos, alguien se tiene que sacrificar).

*"Aquél que tiene fe, no está nunca solo." Thomas Carlyle*

## 97.) Repartidor

Si tienes un automóvil, motocicleta o bicicleta, busca algún negocio que no tenga entrega a domicilio y dile que tú le puedes ayudar en eso y asi incrementar las ventas. Ponte de acuerdo con una cuota mas aparte las propinas.

Dile que ponga un letrero o haga volantes ofreciendo el nuevo servicio. No te desesperes pues nadie sabía de eso y pueden tardar en acostumbrarse.

*"No es pobre el que tiene poco, sino el que mucho desea." Séneca*

## 98.) Fotografía y Video

Tu negocio de fotografía o video puede crecer rápidamente con los bautismos, infantes, bodas, quinceañeras y fiestas "sweet sixteen", Navidad, cumple años, etc. Puedes buscar poses, escenarios, y accesorios interesantes por internet. Crea calendarios, vasos, o playeras con las fotos.

*"En la vida si no consigues lo que deseas, consigues solo la vejez." Billy Joel*

## 99.) Tutor Privado

¿Fuiste gran estudiante? ¿Quizás un genio para las matemáticas o la escritura? ¿Tal vez tienes un poco de experiencia en educación? Puedes ofrecer clases privadas para los niños y jóvenes de primaria y secundaria, pues la materia no es tan complicada. Compra guías de estudio para varias materias y úsalas en tus enseñamientos. Ofrece la primera sesión gratis para establecer confianza y una buena relación con tus clientes.

*"Fé es creer en lo que no se ve; y la recompensa es ver lo que uno cree." San Agustín*

## 100.) Tu Idea

*"Todos tienen una semilla de éxito dentro pero algunos nunca la encuentran, pues la buscan afuera."* Arnulfo Valdez

Tu puedes tener una idea para salir del pozo mejor que todas las de este libro y me daría mucho gusto que me la contaras y mas que la pongas en práctica.

Espero sinceramente que este libro te ayude, especialmente en estos tiempos de cambios constantes, donde debemos aprender a transformarnos y adaptarnos con rapidez para sobrevivir, y que puedas salir adelante de una manera positiva. Dios te bendiga.

Mándame tu historia o comentario a este correo por favor: contacto@no-terindas.com

## Otras Lecturas:

### 54 Maneras de Ahorrar Dinero (www.americasaves.org) General

Ahorre sus monedas. El guardar cincuenta centavos cada día por un año, le permitirá a usted ahorrar casi el 40% de un fondo de emergencia de $500.

Mantenga un registro de sus gastos. Por lo menos una vez al mes, use los registros de su tarjeta de crédito, cuenta de cheques y otros para revisar lo que ha comprado. Entonces, pregúntese a sí mismo si tiene sentido el reasignar algunos de estos gastos a una cuenta de ahorros de emergencia.

Nunca compre impulsivamente los artículos caros. Piense bien cada compra de artículos caros por lo menos por unas 24 horas. Al seguir este principio usted tendrá muchas menos compras de qué arrepentirse y tendrá mucho más dinero para ahorros de emergencia.

Use las tarjetas de débito y de crédito de manera prudente. Para minimizar los cargos por intereses, trate de limitar las compras con tarjetas de crédito a una cantidad que usted pueda pagar en su totalidad a fin de mes. Si usa tarjetas de débito, no cuente con la función de sobregiro para gastar dinero que no tiene. Con cualquiera de estos métodos, usted tendrá más dinero disponible para ahorros de emergencia.

¿Está buscando una manera eficaz de establecer un presupuesto? Comience el primer día del nuevo mes adquiriendo un recibo para todo lo que usted compre. Organice los recibos y repáselos al final del mes, y verá claramente en qué está gastando su dinero.

Le conviene cuidar su salud dental, ya que una buena rutina de limpieza ayuda a evitar los rellenos, tratamientos de canales (root canals) y coronas, que cuestan mucho y no son nada divertidos.

La mayoría de las personas no llevan la cuenta de lo que gastan y tal vez no se den cuenta cuando los gastos suman más de lo que su presupuesto puede pagar. Para mantener un registro de lo que usted gasta, escriba en sobres lo que cree que debe de gastar al mes en transporte, comida, entretenimiento, etc. Esto le ayudará a evitar comprar cosas que no necesita, y lo que le sobre lo puede ahorrar.

Aproveche los descuentos y/o programas de incentivos ofrecidos a través de su empleador. Por ejemplo, si la compañía con que trabaja ofrece tarifas descontadas para computadoras, membrecías para gimnasios, boletos de cine y pases para festivales de verano, ¡aprovéchelas! Revise el sitio web de la compañía o consulte con el representante de recursos humanos. Y no se olvide del mejor negocio de todos ¡el invertir en su plan 401(k)!

Una manera de establecer una disciplina de ahorro es el "ahorrar" una cantidad igual a la que gasta en placeres innecesarios. Guarde en un envase de galletas una cantidad igual para los gastos de cerveza, vino, cigarrillos, café, etc. Si no puede permitirse el lujo de ahorrar la cantidad equivalente, entonces usted no puede permitirse el café "latte" descremado de almendra de $4.

Tome el precio del artículo y divídalo por la cifra de lo que usted gana por hora. Si el artículo es un par de zapatos de $50 y usted gana $10 por hora, pregúntese a sí mismo ¿de verdad valen esos zapatos esas cinco largas horas de trabajo? Esto ayuda a poner las cosas en perspectiva.

Propóngase metas de corto plazo, tal como el ahorrar $20 a la semana o al mes en vez de metas de largo plazo, como ahorrar $200 en el transcurso de un año. Las personas ahorran con más éxito cuando mantienen una meta de corto plazo a la vista.

Ahorre dinero comprando artículos en línea, en cantidades grandes. Algunas compañías ofrecen envío gratis para las órdenes grandes. A veces hay artículos en liquidación disponibles y se pueden encontrar buenos ahorros en comestibles no perecederos y pañales. ¡Le ahorra tiempo y dinero!

## Comida

En vez de comprar bebidas de café caras, sustitúyalas con café. Los $2 al día que usted bien pudiese ahorrar al comprar café en vez de un "cappuccino" o "latte" le permitiría a usted, durante el transcurso de un año, reunir un fondo de emergencia de $500 completo.

Traiga su almuerzo al trabajo. Si el comprar almuerzo en el trabajo le cuesta $5, pero el preparar el almuerzo en la casa solamente le cuesta $2.50, entonces en un año, usted pudiera establecer un fondo de emergencia de $500 y aún tener dinero de sobra.

Coma fuera de la casa una vez menos al mes. Si le cuesta $25 comer fuera de la casa, pero solamente le cuesta $5 comer en la casa, entonces los $20 que usted ahorra cada mes le permiten casi completar lo de una cuenta de ahorro de emergencia de $500.

Compre comida con una lista y adhiérase a ella. Las personas que compran comida con una lista, y muy poco adicional a eso, gastan mucho menos dinero que aquellos que deciden qué comprar cuando se encuentran en la tienda de comida. Los ahorros anuales pudieran fácilmente sumar cientos de dólares.

## Medicamentos con Receta y Medicamentos de Venta Libre

Pida a su médico que considere recetarle medicamentos genéricos. Los medicamentos genéricos pueden costarle anualmente varios cientos de dólares menos que los medicamentos de marca.

Encuentre donde puede comprar los medicamentos con receta a precios más bajos. Asegúrese de verificar los precios no solamente con su farmacéutico local, si no también con los supermercados, centros de descuentos en el área y farmacias de pedidos por correo.

Compre medicamentos de venta libre de la marca de la tienda. Con frecuencia, los medicamentos de la marca de la tienda cuestan entre un 20 a un 40 por ciento menos que las marcas que se anuncian a nivel nacional. Los ahorros pudiesen fácilmente sobrepasar los $100 al año.

## Banca

Evite todos los meses el escribir cheques sin fondo o el pagar cuotas por sobregiro en su cuenta. Los $20 a $30 que usted se ahorra cada mes al no escribir cheques sin fondos, le ahorraría suficiente dinero para casi completar un fondo de emergencia de $500.

Reduzca su deuda de tarjetas de crédito por el monto de $1,000. Esa reducción de deuda de $1,000 probablemente le ahorrará a usted entre $150 y $200 al año, y mucho más si usted está pagando tasas punitivas del 20-30%.

Haga a tiempo el pago mensual de sus

tarjetas de crédito. Los $30 a $35 que usted se ahorra cada mes cuando no le cobran cargos por morosidad en una tarjeta de crédito, le ahorrarían la mayor parte de los $500 necesarios para ahorros de emergencia.

Use sólo los cajeros automáticos (ATMs) de su banco o cooperativa de crédito. El usar una vez por semana el cajero automático de otra institución financiera puede costarle $3 por cada retiro, o más de $150 en un año.

## Transporte

Mantenga afinado el motor de su vehículo y las llantas infladas a la presión apropiada. El hacer ambas cosas le puede ahorrar a usted hasta $100 en gasolina al año.

Compare los precios de la gasolina. Usted puede ahorrar cientos de dólares al año al comparar precios en las diferentes estaciones y al usar la gasolina de más bajo octanaje (recomendada en el manual del auto).

Evite arranques y paradas súbitas al conducir su vehículo. Con el tiempo, usted ahorrará cientos de dólares en gasolina y en costos de mantenimiento más bajos.

## Seguros

Compare el costo del seguro de automóvil y de vivienda: Cada año, antes de renovar sus pólizas existentes, verifique las tarifas de las compañías competidoras (vea el sitio web del departamento de seguros del estado donde usted reside). Es posible que las primas anuales sean unos cientos de dólares más bajas.

Aumente los deducibles del seguro de automóvil y de vivienda: El estar dispuesto a pagar entre $500 a $1,000 por un reclamo, en vez de sólo pagar entre $100 y $250, puede reducir las primas anuales por cientos de dólares.

Evalúe su necesidad de cobertura de seguro de vida. Si ahora sus hijos viven por su cuenta, o si su cónyuge trabaja, es posible que no necesite tanta protección de un seguro de vida. El monto de las primas anuales de una póliza de vida de término puede típicamente reunir los fondos para una cuenta de ahorros de emergencia.

Considere eliminar la cobertura de seguro de crédito en préstamos a plazos. Muchos consumidores no necesitan seguro de crédito porque ellos tienen suficientes activos para protegerse ellos mismos en el caso de que fallecieran, sufriesen una incapacidad, o quedasen cesantes. El cancelar esta cobertura reduce frecuentemente los costos de financiamiento por tres puntos de porcentaje, ahorros de cerca de $1,000 en un préstamo a plazos por el monto de $20,000 por cuatro años.

Use el taxi con menos frecuencia. El usar

transporte público en vez de tomar taxis puede ahorrarle entre $5 y $10 por viaje o más. Si usted usa taxis a menudo, los ahorros pudieran financiar completamente su cuenta de ahorros de emergencia.

Consulte todas las líneas aéreas para conseguir tarifas baratas. Ya que ningún sitio web enumera todas las líneas aéreas de descuento, también vea los sitios web de aerolíneas de bajo costo como Southwest y Jet Blue, quizás se ahorre cientos de dólares.

## Vivienda

No pague por espacio que no necesita. Los estadounidenses tienen casas y apartamentos relativamente grandes. Piense en cómo usar el espacio más eficientemente para poder comprar o alquilar menos pies cuadrados.

Viva relativamente cerca de su lugar de trabajo. Aunque no siempre es posible, el conducir 5,000 millas menos al año puede reducir los costos de transporte por más de $1,000.

Procure refinanciar su hipoteca para reducir los cargos por intereses. Considere la posibilidad de refinanciar su hipoteca para reducir la tasa de interés y el plazo. Para una hipoteca de $100,000 con una tasa fija por 15 años, el reducir la tasa de un 7% a un 6.5% le puede ahorrar a usted más de $5,000 en cargos de intereses en el plazo del préstamo. Por cada $100,000 que usted tome prestado a una tasa de un 7%, usted pagará más de $75,000 menos en intereses en una hipoteca a una tasa fija por 15 años comparado con una hipoteca a una tasa fija por 30 años. Y, usted acumulará capital sobre su propiedad más rápidamente, aumentando así su habilidad de cubrir gastos grandes en caso de emergencia.

Elija cautelosamente a los contratistas de reparaciones en el hogar. Favorezca a quienes hayan hecho con éxito trabajos para personas que usted conoce. Siempre insista en recibir una oferta con un precio fijo y por escrito. No efectúe pago total del proyecto hasta que el trabajo se haya completado satisfactoriamente.

## Calefacción y Enfriamiento de Vivienda

Solicítele a su compañía local de electricidad o gas que conduzcan una auditoría, gratuita o de bajo costo, del uso de la energía en su hogar. La auditoria pudiera revelar maneras económicas de reducir sus costos para calentar y enfriar su hogar por cientos de dólares al año. Tenga en cuenta que un período de recuperación de costos de al menos tres años, o aún en cinco años, comúnmente podrá ahorrarle mucho dinero a largo plazo.

Proteja su casa del clima. Selle huecos y grietas que dejan escapar el aire caliente en el invierno y el aire frío en el verano. Su ferretería local tiene materiales, y muy posiblemente consejos útiles acerca de cómo detener de manera económica la pérdida indeseada de calor o frío.

Use revestimientos de ventanas para bloquear el sol o dejar que entre la luz solar. En el verano, úselas para bloquear la luz solar, así manteniendo su casa fresca. En el invierno, abra las cubiertas para que la luz solar caliente su casa. Usted podría fácilmente ahorrar más de $100 al año y estar más cómodo.

## Ropa

Busque ventas especiales en centros de liquidación (outlets). Hay diferencias enormes en los precios entre la ropa en venta en tiendas de descuentos y la ropa que se vende regularmente en muchas tiendas por departamento y boutiques, aunque, tenga en mente que con frecuencia los precios en éstas últimas se descuentan mucho.

Considere la opción de comprar ropa previamente usada en Good Will, tiendas de segunda, o tiendas de gangas en escuelas o iglesias. Con un poco de esfuerzo, usted puede encontrar artículos de ropa de alta calidad a bajo precio que puede usar por muchos años.

Evalúe la calidad de la ropa al igual que el precio. Una camisa o abrigo de bajo precio no es una ganga si se daña en menos de un año. Al seleccionar su ropa, considere la tela, las costuras, la manera apropiada de lavarla y otros factores relacionados a la calidad.

Limpie su ropa sin gastar mucho dinero. Lave y planche su ropa usted mismo. Si usa los servicios de una tintorería, compare los precios en diferentes establecimientos. Una diferencia de 50 centavos en lavar una camisa, por ejemplo, puede sumar al año hasta $100.

## Comunicaciones

Evalúe sus costos de comunicación. Según aumentan el uso de la Internet y de los sistemas inalámbricos, muchos consumidores están pagando de más para tener capacidad de comunicación que no necesitan. Por ejemplo, si usted tiene un teléfono celular y dos líneas de teléfono, una para su computadora, considere el recibir llamadas personales en su celular para poder renunciar a una de las líneas de teléfono.

Comuníquese por correo electrónico en vez de hacerlo por teléfono. Si usted tiene acceso a comunicarse en línea, la comunicación por correo electrónico es virtualmente gratis. Aún para los abonados, las llamadas por líneas terrestres e inalámbricas a menudo conllevan cargos por minuto.

Esté consciente de los costos del uso de celulares y de cómo reducirlos. En muchos hogares el uso del teléfono celular ha aumentado los gastos de comunicación dramáticamente. Tenga claro lo que significan los períodos de máxima actividad para hacer llamadas, el área de cobertura, servicio itinerante (roaming) y los cargos por cancelación. Asegúrese de que su plan de llamadas coincide con el patrón de llamadas que usted hace regularmente.

## Entretenimiento

Investigue formas de entretenimiento gratuitas o de bajo costo en su comunidad. Use los periódicos locales y sitios web para averiguar sobre parques, museos, proyección de películas, eventos deportivos, y otros lugares gratis o a bajo costo que usted y su familia disfrutarían.

Cancele los canales de cable por suscripción (Premium) o mejor aún, cancele el servicio de cable en su totalidad. Es mucho más barato alquilar una película a la semana que ver una en esos canales que pudiese costar más de $500 al año.

Tome libros prestados en vez de comprarlos. El tomar libros prestados y leer las revistas en su biblioteca local, en vez de comprar material para leer, le puede ahorrar cientos de dólares al año.

Asista a eventos de deportes en las escuelas secundarias en vez de los eventos en las universidades o a nivel profesional. Los eventos en las escuelas secundarias raramente cuestan más de $5 y con frecuencia son gratis, con los "hot dogs" y sodas típicamente de venta a $1-2. Los juegos de fútbol y baloncesto profesionales o universitarios rara vez cuestan menos de $20, y la comida es mucho más cara.

## Con la Familia y Amigos

Planifique los obsequios con mucha anticipación. Esto le dará tiempo para decidir cuáles regalos son los más apropiados, por lo general no son los más caros. Y si estos regalos tienen que ser comprados, usted tendrá la oportunidad de buscar ventas especiales.

Platique sobre los límites de gasto para regalos con el resto de la familia. Estos límites no sólo reducen los gastos, pero también son apreciados por los familiares de más bajos recursos.

Reúnase con amigos durante comidas que todos comparten en vez de salir a un restaurante. Debido a que uno quiere ser generoso con amigos y familiares, esto pudiese representar un gran ahorro.

Considere la posibilidad de escribir cartas en vez de hacer llamadas telefónicas frecuentes. Usualmente las cartas bien pensadas son mucho más valoradas que las conversaciones telefónicas, con frecuencia quienes reciben las cartas las guardan para leerlas nuevamente en el futuro.

## AUTOR

El autor es un hombre que ha sabido enfrentar los problemas y errores y los ha transformado en escalones para superar y este es uno de los muchos trabajos que ah logrado hacer estando privado de su libertad en un cuarto de 5' x 10' en el que vivio encarcelado por casi tres anos.

Otros libros escritos por el autor:

100 Maneras de Salir del Pozo

Don't Give up bible study

No te rindas, estudio biblico

El estudio biblico tambien esta disponible en Ingles y Español en las siguientes paginas web:

no-terindas.com; dontgive-up.com

www.ingramcontent.com/pod-product-compliance
Lightning Source LLC
Chambersburg PA
CBHW070323190526
45169CB00005B/1725